Geneviève de Gaulle Anthonioz
Durch die Nacht

Geneviève de Gaulle Anthonioz

Durch die Nacht

Aus dem Französischen von
Andrea Spingler

Arche

Copyright der deutschsprachigen Ausgabe:
© 1999 by Arche Verlag AG, Zürich-Hamburg
Alle Rechte vorbehalten
Die Originalausgabe erschien 1998
u. d. T. *La traversée de la nuit*
© 1998 Éditions du Seuil, Paris
Satz: Greiner & Reichel, Köln
Druck und Bindung: freiburger graphische betriebe, Freiburg
Printed in Germany
ISBN 3-7160-2257-8

Durch die Nacht

»Alles beginnt von neuem, alles ist wahr.«
Julien Gracq

Die Tür ist schwer ins Schloß gefallen. Ich bin allein in der Nacht. Kaum habe ich die nackten Wände der Zelle erkennen können. Tastend finde ich die Pritsche mit der rauhen Decke; ich lege mich hin und versuche, den unterbrochenen Traum weiterzuträumen: Ich ging auf einem Weg, den der Mond erhellte, ein Licht, so sanft, so wohltuend, und Stimmen riefen mich. Plötzlich war da nur noch der Lichtkegel einer Lampe, das verstörte Gesicht unseres Blockältesten, der harsche Befehl aufzustehen und der Schatten zweier SS-Leute. Alptraum oder Wirklichkeit? Baty und Félicité, meine Nachbarinnen auf dem Strohsack, sind aufgewacht. Sie haben ein paar Dinge zusammengesucht, unter anderem meinen Becher und meinen Eßnapf, mir von der Pritsche heruntergeholfen, mich umarmt. Welches Los erwartet mich? Manchmal finden nachts Hinrichtungen statt.

Vorerst bin ich innerhalb des Lagers Ravensbrück in einem Gebäude, das *Bunker* genannt wird. Es ist ein Gefängnis, das auch als Kerker dient. Dann gibt es weder Decke noch Strohsack, alle drei Tage wird Brot ausgeteilt, alle fünf Tage Suppe. Die Verurteilung zu *Bunker* ist von Prügeln begleitet: fünfundzwanzig, fünfzig oder fünfundsiebzig Schläge, die der Häftling selten überlebt. Im Lager wissen wir all das und auch, daß junge Frauen als menschliche Versuchskaninchen hier die grauenhaften Experimente von Professor Gebhardt erduldet haben.

Da der Schlaf endgültig nicht zurückkehrt, denke ich an die fünfundsiebzig *Kaninchen*, wie man sie nennt. Ihre Beine sind entsetzlich verunstaltet, sie hüpfen mit Hilfe notdürftiger Krükken. Diese polnischen Mädchen (die jüngste, Bacha, ist vierzehn Jahre alt) mußten die chirurgische Entfernung von Knochen und Muskeln über sich ergehen lassen, manche bis zu sechsmal, und der berühmte Arzt, Professor an der Universität Berlin, infizierte die Wunden mit Gasbranderregern, Tetanuserregern oder Streptokokken. Damit wollte er beweisen, daß Gauleiter Heydrich, den er nach einem Attentat behandelt hatte, die Infektion seiner Wunden nicht überleben konnte.

Nach der ersten Reihe von »Operationen« hatten unsere Gefährtinnen versucht, sich weiteren Experimenten zu widersetzen. Sie wurden aber kurzerhand gefesselt und in den *Bunker* gesperrt, wo Gebhardt seine Eingriffe ohne Asepsis, ohne Anästhesie fortsetzte. Hier kann ich mir ihre Qualen noch besser vorstellen.

12

Als die erste Sirene ertönt, weiß ich, daß es halb vier Uhr nachts ist. In den überbelegten Baracken beginnt wieder der Alptraum des Tages. Geschubse bei der Austeilung des »Kaffees«, an den verdreckten, unzureichenden Latrinen, bevor die zweite Sirene zum Appell ruft. Wir haben den 29. Oktober, und es ist noch nicht sehr kalt. Aber wie endlos erscheint dieses Stehen! Wenn die Anzahl nicht stimmt, weil eine Tote der Nacht vergessen worden ist (man muß sie auf den Lagerplatz bringen), kann es sein, daß wir mehrere Stunden regungslos verharren. Und plötzlich denke ich, daß mein nächtlicher Umzug ins Gefängnis vielleicht nicht gemeldet worden ist. Baty und Félicité haben meine Freundinnen sicher noch nicht informieren können: Sie wissen nichts von meinem Schicksal, und mir fehlt ihre Zärtlichkeit, um mich ihm zu stellen.

Wie eine eiskalte Klinge durchbohrt mich das Gefühl meiner Einsamkeit!

Vor ein paar Tagen haben wir zusammen meinen Geburtstag gefeiert. Den Kuchen, für den jede ein wenig Brotkrume, verknetet mit ein paar Löffeln dieser melasseartigen sogenannten Marmelade, mitgebracht hatte, schmückten vierundzwanzig kleine Zweige als Kerzen und hastig während der Erdarbeiten am Rand des Moors gepflückte Blätter, ein Augenblick des Glücks!

Die Sirene ertönt noch einmal zum Ende des Appells; die Arbeitskolonnen setzen sich in Marsch. In meiner Finsternis höre ich das dumpfe Poltern der Holzschuhe, nur schwach das Bellen der Hunde und das Gebrüll der SS-Leute. Ich bin sehr weit weg, wie auf dem Grund eines Brunnens, wo ich ganz allmählich lautlos sterben werde. Und wenn sich die Tür öffnete, wäre es nur der Erschießungsgang, in den sie mich entließe? Er ist ganz in der Nähe, auf der anderen Seite der Mauer, die den *Bunker* umschließt, nicht weit von den Verbrennungsöfen, deren Rauch in den Himmel steigt.

Muß ich mich auf den Tod vorbereiten? Niemand wird mir helfen können, mir wenigstens die Hand halten, wie ich es oft getan habe, wenn eine Gefährtin im Sterben lag. Die letzten Gesichter, in die ich blicke, werden von Verachtung und Haß gezeichnet sein. Nicht mehr daran denken, meine Familie vergessen, gewiß, um nicht den Mut zu verlieren. Schwieriger ist es, mich von Germaine, Jacqueline, Danielle, Milena, Grete und vielen anderen zu verabschieden, deren geschwisterliche Zuneigung mir erlaubt hat zu überleben. Werden sie etwas über mein Ende erfahren? Ein von Kugeln durchlöchertes, blutbeflecktes Kleid, ein in den Registern des Lagers durchgestrichener Name: So erhielten wir Kenntnis vom Schicksal anderer, die in der Nacht verschwunden sind.

Aber sie selber, was wird aus ihnen? Wird es Überlebende unter uns geben? Was werden ihre schrecklichsten Prüfungen in den nächsten Monaten sein? Die Landung hat stattgefunden, sogar die SS-Zeitung mußte es zugeben. Doch seither sind, wie wir wissen, schwere Kämpfe im Gange. Noch einen Winter im Lager zu verbringen ist ein unerträglicher Gedanke.

Ich versuche zu beten, das *Vaterunser*, das *Gegrüßet seist du, Maria*, Bruchstücke von Psalmen. Aus tiefster Not rufe auch ich zu Gott, wie so viele andere es getan haben. Ich versuche, mich der Barmherzigkeit Gottvaters anheimzugeben, einszuwerden mit der Todesangst Jesu am Ölberg. Es ist nicht einmal ein Schweigen, das mir antwortet, nur das erbärmliche Gewimmer meiner Not.

Was für eine Schande, ich habe Angst, Angst vor den Augenblicken, die mein Leben beschließen werden. Aber ist nicht das einzige Mittel, nicht mehr allein zu sein, die Angst derjenigen zu teilen, die wie ich heute sterben werden? Mit der Hacke erschlagen, von Hunden gebissen, inmitten der Irrsinnigen in den Dreck geworfen. Ich habe es gesehen, ich habe dieses entsetzliche Wehklagen gehört, ohne helfen zu können. Jetzt bin ich eine dieser Verzweifelten. Zusammen rufen wir wie der Gekreuzigte: »Mein Gott, warum hast du mich verlassen?«

Vom Gang, auf den meine Zelle hinausgeht, dringen Geräusche von Stiefeln und Schlüsseln und von zuschlagenden Klappen zu mir. Zweifellos wird Essen ausgeteilt an die, die das Recht haben, welches zu bekommen. Für mich aber nichts! Wenn meine Hinrichtung bevorsteht, ist es natürlich unnötig, mich zu ernähren. Meine Dunkelheit ist jetzt weniger undurchdringlich. Ich habe die feuchten und kalten Wände abgesucht, ich habe die Einrichtung entdeckt: ein Bord und ein angeketteter Hocker, ein Abtritt mit einem Wasserhahn darüber. Ich finde meinen Becher wieder und trinke lange mit großem Genuß, auch wenn es zum letztenmal ist.

Unnötig, weiter auf der Lauer zu liegen; schließlich schlafe ich ein und werde erst von der Abendsirene geweckt. Meine Gefährtinnen kehren erschöpft von der Arbeit zurück. Man muß in Fünferreihen in martialischem Gleichschritt aufmarschieren, die Schaufel über der Schulter, wenn die Kolonne von Erdarbeiten kommt. Als im Februar mein Transport eintraf, befahlen uns die Aufseherinnen zu singen: Sie haben den

Lothringer Marsch nicht geschätzt! Ich habe mehrere Monate im Moor gearbeitet, seltener im Wald; das Schlimmste war das Beladen der Kohlenwaggons in der Julihitze, ohne daß man sich danach waschen konnte. Das sehr schnelle Tempo wurde forciert von den Schlägen und den scharfen Hunden, und die durchgehende Arbeitszeit betrug zwölf Stunden.

Die Natur wenigstens bot uns einen Ausgleich: Grashalme und Pflanzenstengel, die wir wegen der Vitamine pflückten, manchmal sogar ein Blümchen, das wir für eine Kranke oder einen Geburtstag heimlich ins Lager mitbrachten. Wir marschierten durch das SS-Dorf, die Kinder warfen Steine nach uns. Dann gingen wir am See entlang, die Landschaft war schön und traurig: Sand, Kiefern und Birken.

Als ich zur Arbeit in einer der Werkstätten abkommandiert wurde, fand ich das zuerst weniger schlimm. Von Uniformen, die von der Ostfront kamen, den Uniformen der Verwundeten und Toten, sollten wir abtrennen, was noch zu gebrauchen war. Verwesendes Fleisch und Ungeziefer verhinderten nicht, daß Knöpfe oder Futter wiederverwendet werden konnten. Wenn wir in die Baracke kamen, beluden wir uns unter den wachsamen Augen der SS mit einem riesigen Haufen dieser Kleidungsstücke. Man mußte schnell, schnell abschneiden und auftrennen, während andere Gefährtinnen die Aufgabe hatten zu waschen, was die Mühe lohnte. Der Gestank war unerträglich, der SS-Mann, der uns kommandierte, einer der schlimmsten im Lager: Ich habe gesehen, wie er eine arme Frau, die es gewagt hatte, ein eigenes kleines Wäschestück zu waschen, mit einem Bleuel tötete; es hat sehr lange gedauert.

Ich begann, mich schon bald nach
den Erdarbeiten zurückzusehnen, um
so mehr als wir abwechselnd eine Woche
tagsüber und eine Woche nachts arbeiten
mußten. Und dann wurde für mich alles
noch schlimmer; Skorbut und Hornhautgeschwüre verursachten unerträgliche
Schmerzen, und ich kam mit meiner
Arbeit nicht zu Rande. Der SS-Mann
Syllinka wußte Abhilfe. In einer Woche
(der mit Nachtarbeit) wurde ich mehrmals brutal geschlagen. Fast hätte er
mich umgebracht wie die Frau, die etwas
von ihrer Wäsche gewaschen hatte.
Meine Wunden bluteten und durchnäß-
ten die von den Schlachtfeldern zurück-
geschickten Uniformen, auf die ich mich
gesetzt hatte, um meine Schmerzen ein
wenig zu lindern. Doch ich bin Syllinka
entkommen. Nur um hier in diesem
Bunker oder nebenan im Erschießungsgang den Tod zu finden? Soll ich viel-

leicht verhungern? Anscheinend schläft man ganz allmählich ein, wenn man trinkt. Hier fließt bei Bedarf Wasser, ein dünnes Rinnsal mit einem sonderbaren Geschmack; wie oft habe ich an den heißen Sommertagen danach gelechzt.

Dies ist der dritte Abend in meiner Zelle. Ich fange an, mich daran zu gewöhnen. Meine schmerzenden Augen sind nicht mehr dem Licht ausgesetzt. Kein Gedränge mehr, keine Schläge, keine ständige Quälerei. Ich habe eine Pritsche für mich allein, ich kann schlafen. Traumlose Nächte, tief wie schwarzes Wasser, durchdrungen vom Heulen der Sirene. Wißt ihr, meine Gefährtinnen, daß ich ganz in eurer Nähe bin? Ich spüre eure Müdigkeit und sehe mit euren Augen das Morgengrauen am fahlen, nordischen Himmel. Es gibt kein anderes Leben zu erträumen als eures, als unseres. Alles darüber hinaus ist unerreichbar. Nur träumen, daß ich euch wiedersehe, das üble Gebräu mit euch teile, das graue, harte Brot, die Suppe, in der ein paar Steckrübenstücke schwimmen ..., und vor allem die Wohltat eines Händedrucks, die Zärtlichkeit eines Blicks. Jacqueline bei der Qual des Aufstehens singen zu hören: »Wachet auf, ruft euch die Stimme ...« Die Erinnerung an ihre laute, reine Stimme ermutigt auch mich, zu singen und zu beten in meiner Wüste, in meiner Nacht.

Als ich im Gefängnis von Fresnes war, gab es manchmal einen Lichtschimmer, eine Antwort, sogar auf der schrecklichen Fahrt nach Ravensbrück. Beim Betreten des Lagers aber war es, als sei Gott draußen geblieben. Im Licht der Scheinwerfer sahen wir Frauen, die schwere Kannen trugen. Ihre schwankenden Silhouetten, ihre kahlgeschorenen Köpfe habe ich kaum wahrgenommen, aber ich war zutiefst erschüttert vom Anblick ihrer Gesichter. Kein zum Tode Verurteilter, kein Gefolterter, der mir begegnet ist, war so von unmenschlicher Verzweiflung gezeichnet. Diese noch lebenden Wesen hatten bereits keinen Blick mehr. Ich hätte Mitleid haben müssen, was mich befiel, war Hoffnungslosigkeit. »Laßt, die ihr eingeht, jede Hoffnung fahren«, sagt Dante in der *Hölle*.

Während wir müde über die schwarze Schlacke zwischen den dunklen Baracken taumelten, überkam mich die Gewißheit, der Sinn dieser Welt der Konzentrationslager sei etwas viel Schlimmeres als der Tod, nämlich die Zerstörung unserer Seele.

Was also bedeutete dagegen die kommende Hinrichtung? Neun Monate lang habe ich gekämpft, um der Hoffnungslosigkeit nicht nachzugeben, um die Achtung vor den anderen und vor mir selbst nicht zu verlieren. Nein, Gott war nicht abwesend, er erleuchtete das schöne Gesicht von Émilie Tillion; die alte Maria, Mutter Elisabeth strahlten in seinem Licht. Wir beteten heimlich zu ihm, hinter einer Baracke, mit einer russisch-orthodoxen Nonne, einer ehemaligen glühenden Revolutionärin, Mutter Marie, die durch diese Prüfung zur tiefsten Kontemplation gelangte.

In meiner Zelle mußte ich mühselig versuchen, ihrem Beispiel zu folgen. Um keinen Preis wollte ich mich aber in meinem Gebet von den Elendesten distanzieren, von jenen, die Brot stahlen, uns bei der Suppenzuteilung schlugen oder, noch schlimmer, mit ihrem Ungeziefer und ihrem Schmutz in einer Ecke lagen. An ihnen konnten wir sehen, was uns bevorstand, und ich mußte die Demütigung mit ihnen teilen wie die Brüderlichkeit und das Brot.

Ich falle in eine Art Starre, aus der mich das Geräusch der Tür reißt, die entriegelt wird. Vor mir steht eine Aufseherin, die mich verblüfft ansieht: »Wer sind Sie? Was machen Sie hier? Seit wann sind Sie da?« Mein Deutsch erlaubt mir, sie zu verstehen und ihr zu antworten. Die Frau geht weg, um sich zu erkundigen, kommt wieder und erklärt mir, daß ich seit meiner Ankunft im *Bunker* vergessen worden bin. Ich muß hier keine Strafe absitzen, der Fensterladen wird also geöffnet, und ich bekomme gleich etwas zu essen.

Tatsächlich führt eine ältere Gefangene die Anordnungen aus. Sie trägt den violetten Winkel der Zeugen Jehovas und eine Nummer, die sie als eine der ersten im Lager Registrierten ausweist. Bei geöffnetem Laden läßt mich eine schwache Helligkeit meinen Aufenthaltsort entdecken. Er ist feucht und kalt, aber

sauber, bewohnt von dicken Kakerlaken,
die erst anfangen, Interesse an mir zu
bekunden, als ich meine magere Ration
Brot erhalte. Ich stülpe meinen Becher
darüber, so ist sie unerreichbar. Da ich
nun leben werde, muß ich mich organi-
sieren: nicht alles auf einmal essen, trotz
Hunger sehr langsam kauen. Mich auch
ein bißchen bewegen; mit Hilfe einer
Kette kann ich das Oberlicht etwas öffnen. Hinter der dicken Milchglasscheibe
ist ein Gitter, dann Eisenstangen. Ich
bin im unterirdischen Teil des *Bunkers*,
die Fensteröffnungen müssen auf einen
Graben hinausgehen, der das Gefängnis
von den Baracken der SS-Aufseherin-
nen trennt. Unmöglich, mich vom Lager
aus zu rufen. Und wer sind meine Nachbarn? Links antwortet niemand auf mein
Klopfen und Rufen: wahrscheinlich
arme Frauen, die mit Kerker bestraft
wurden. Rechts, so bekomme ich schließ-

lich heraus, ein SS-Soldat. Damit ist der Austausch beendet! Wie wir im Lager erfahren haben, dient der *Bunker* auch als Hochsicherheitsgefängnis für Männer. Wer könnte da ausbrechen, mitten in einem Konzentrationslager für Frauen?

Die Bestandsaufnahme meiner Habseligkeiten ist rasch gemacht: ein ziemlich großes Stück weißer Stoff, das Bérengère gestohlen hat, als sie das Gepäck von Deportierten, die in Auschwitz vernichtet wurden, ausladen mußte. Ihr verdanke ich auch ein Hemd, das ich unter meinem gestreiften Kleid trage. Mein einziges Paar Strümpfe hat Lise aus dicker Wolle gestrickt, die sie auf eigene Gefahr in einer der Werkstätten organisiert hatte. Mein Nadelkissen, das mir Violaine zum Geburtstag geschenkt hat und das ich beim Weggehen im Ärmel versteckt habe, ist, o Wunder, mit drei langen Fäden Nähgarn bestückt, einem weißen, einem schwarzen und einem roten. Das Material wurde unter Syllinkas wachsamen Blicken entwendet, sogar ein Stück Leder, das von der Mütze eines Panzeroffiziers stammt! Ich habe auch einen kleinen Stoffbeutel für meine Brotration, und meinen winzigen Bleistift finde ich in meinem Rocksaum wieder. Meine anderen Geschenke habe ich vorsichtshalber Baty in Verwahrung gegeben: Ich werde sie bestimmt nie wiedersehen!

Eine andere interessante Entdeckung: Als Toilettenpapier (welch ein Luxus!) hat man Zeitungen zerschnitten. Ich lese ein paar ziemlich veraltete Nachrichten, und die aufgrund der Zensur freigebliebenen Stücke lege ich zum Schreiben beiseite.

So stelle ich fest, daß Allerheiligen ist. Letztes Jahr, in Fresnes, hat der deutsche Militärgeistliche Messen für die Frauen zelebriert, die nicht in Einzelhaft saßen. Als eine von uns das Evangelium der Seligpreisungen las, kam so viel Freude und Frieden über uns, daß ich glaubte, unter den Seligen zu sein. Ich versuche, mich der göttlichen Worte zu erinnern ..., doch ihr Licht ist erloschen, mein Herz liegt wie ein Stein in mir. Vergeblich rufe ich die Namen der Heiligen an. Diese Litanei ist mir so fremd geworden wie eine mathematische Formel.

Am 2. November versuche ich, an die Toten in meiner Familie zu denken: meine kleine Mama, die schon ganz kalt war, als ich sie unter den Tränen von Papa und ihren Eltern küssen mußte. Sie war so zärtlich, so sanft und so fröhlich, nein, das war nicht sie unter dem weißen glattgezogenen Leintuch. Ich floh in den Garten, wo man die Iris für den Sargschmuck abgeschnitten hatte. Mit einem

Schlag wurde ein kleines Mädchen von viereinhalb Jahren ins Unglück gestürzt. Meine Schwester war drei Jahre alt, mein Bruder zwei. Sie verstanden nicht recht, warum man sie schwarz anzog. Meine Großmutter hatte sogar ein weißes Gänseblümchen mit goldener Mitte von unseren Hüten abgetrennt. Mama ist im Saarland gestorben, wo Papa als Ingenieur arbeitete. Wir haben eine lange Reise bis ins Anjou gemacht, wo sie beerdigt werden sollte. Der Leichenwagen, der ein mit weißer Kreide gemaltes Kreuz trug, war an unseren Zug gekoppelt. Papa hat ihn uns gezeigt. Warum hat er gesagt: »Da drin ist eure kleine Mama« – in diesem Waggon, der schwarz und verschlossen war wie die Waggons unseres Deportationszuges?

1938, gleich nach dem Münchner Abkommen, ist unsere Schwester von uns gegangen. Sie war noch nicht siebzehn, blond, mit dunklen Augen und Wimpern, und sie liebte das Leben. Wir teilten uns ein Zimmer, und nun war ihr Bett leer. Man hat ihre Kleider, die sich von meinen kaum unterschieden, aus unserem Schrank genommen.

Im Gefängnis von Fresnes hatte ich durch Stoffstückchen, die im Saum meiner Wäsche versteckt waren, vom Tod meiner Großmutter erfahren. Ihr Sarg war, zusammen mit den Kindern, die sie verloren hatte, im selben Grab wie Mama und meine Schwester.

Viele unserer Gefährtinnen konnten den Gedanken nicht ertragen, daß ihre Asche ins Moor geschüttet würde. Ich fand den Leichenkeller, wo die Toten aufgeschichtet waren, viel schlimmer. Im übrigen ist das Schlimmste nicht der Tod, sondern der Haß und die Gewalt. Ich versuche mit aller Kraft, Schreckensbilder von mir fernzuhalten. Es war uns verboten, den SS-Leuten ins Gesicht zu sehen, wenn aber einer von ihnen über eine Unglückliche neben uns herfiel, war es unmöglich, sich dem Anblick ihrer abscheulichen Lust zu entziehen.

Die ganze Nacht werde ich vom selben Traum verfolgt: Köpfe, die auf einem Meer von Blut schwimmen, mit einem schmutzigen Lächeln. Ich erwache mit dem Bild einer großen, über und über blühenden Magnolie. Unter ihren Ästen hat mir eine Freundin von Mamas Tod berichtet. Wie seltsam, plötzlich ist meine Zelle von ihrem Duft erfüllt.

Die Tage vergehen erstaunlich schnell, obwohl der einzelne Augenblick unendlich lang erscheint. Morgens beim Appell öffnet die Aufseherin einen Spaltbreit meine Tür: Ich muß regungslos dastehen, denn das ist Vorschrift. Dann sehe ich niemanden mehr, bis auf die alte Frau, die mir die Suppe durch die

Klappe reicht. Die Suppe ist die gleiche wie die im Lager, genauso schlecht, aber dicker. Eines Tages finde ich ein Stückchen Fleisch darin und breche in Tränen aus; ich schäme mich.

Ich weine auch, als ich nach einem ganz kurzen Spaziergang wieder in meine Zelle komme. Die Aufseherin führt mich in einen kleinen Innenhof, wo ich den bleigrauen Himmel sehe. Die Luft riecht nach Schnee, die ersten Flocken fallen um mich her, als ich aufgefordert werde, zurückzukehren, zurück in die bedrückenden Mauern meines Gefängnisses, sein Dämmerlicht, seine Stille. Ich schließe die Augen und sehe vor mir, inmitten eines dunklen Waldes, einen großen, ruhigen See. Seine Ufer sind nackt und steil. Kein Schilf, keine Bewegung auf dem Wasser, kein Vogel. Fasziniert gehe ich gefährlich nahe heran. Eine kräftige Hand hält mich im letzten Moment zurück. Und plötzlich erfüllt mich ein großer Frieden. Wie gerne würde ich ihn teilen! Das *Salve Regina* fällt mir ein: Die Mutter der Barmherzigkeit, unser Leben, unsere Wonne und unsere Hoffnung, hat ihren Blick dieser Ärmsten zugewandt, die stöhnt und weint. Ich flehe um ihr Erbarmen für jene, die ganz in meiner Nähe von Angst und Tod heimgesucht werden und von denen ich nichts mehr weiß. Zum erstenmal seit dem 28. Oktober fühle ich mich weniger getrennt von ihnen.

Ich notiere die Tage auf dem Rand von einem Stück Zeitungspapier. Bald ist Advent, die Zeit der Erwartung. Gegen die Langeweile veranstalte ich Kakerlakenrennen. Ein winziger Bissen Brot am anderen Ende der Zelle, und los geht's. Zwei Champions ragen aus der Menge heraus. Inzwischen kenne ich sie: Der größere ist Victor, den anderen habe ich Félix genannt. Sie gewinnen abwechselnd, fast immer. Ein paar Krümel trösten die letzten. Bevor es Nacht wird, dringt für kurze Zeit ein schwacher Lichtschein durch meine Luke, zumindest bei klarem Himmel. Meine Gefährtinnen müssen dieses Licht auch sehen, wenn sie noch am Leben sind.

An einem Sonntagnachmittag öffnet die ältere Gefangene, die Dienst hat, meine Zellentür und macht Licht an. Flüsternd erklärt sie mir, bei den SS-Leuten finde ein Fest statt, sie hätten viel getrunken, und um mich zu beschäftigen, schlage sie mir vor, ihre Socken zu stopfen. Freudig nehme ich an, und sie gibt mir Wolle, Nadel und Schere. Die Löcher sind ganz schön groß, und ich danke den Nonnen, die mir im Internat Stopfen beigebracht haben und sogar mit der Nadel Maschen aufzunehmen. Als die Zeugin Jehovas ihre Habe wieder abholt, stößt sie kleine Schreie der Bewunderung aus ... Wenn ich wolle, bringe sie mir wieder Arbeit. Später überläßt sie mir oft für mehrere Stunden Schere und Nadeln. So kann ich meine Kleider ausbessern und den weißen Rand vom Zeitungspapier abschneiden. Ich habe die Idee, für Anna (sie hat mir gesagt, so heiße sie) ein kleines Taschentuch zu sticken, das ich ihr zu Weihnachten schenken werde.

Denn der 24. Dezember ist nah. Um mich darauf vorzubereiten, habe ich mit meinem Bleistift ein kleines Bild gemalt. Das ist meine Krippe. Das Jesuskind lehnt an einem Kreuz, es hat segnend den Finger erhoben. Eine deportierte Frau mit ihrem gestreiften Kleid und ihrem Kopftuch stützt sich darauf. Unter den mit einem »F« versehenen Winkel habe ich die Nummer geschrieben: Es ist meine, 27 372.

Vergeblich versuche ich, die Weihnachtsfeste von früher aus meinen Gedanken zu vertreiben, das Fest nach Mamas Tod, als Papa die Weihnachtslieder sang, die sie selbst geschrieben hatte. Wir schauten, trotz allem froh, auf unsere kleinen Stiefel und dankten dem Christkind und Mama für die Geschenke, die der Himmel uns geschickt hatte. Papa lief weinend hinaus. Letztes Jahr, im Gefängnis von Fresnes, hat der Militärgeistliche am Christfest die Messe zelebriert wie an Allerheiligen, diesmal war die improvisierte Kapelle aber mit Tannenzweigen geschmückt. Für meinen Transport, der am 3. Februar angekommen ist, wird es das erste Weihnachtsfest im Lager sein. Jede wird ihr Bestes tun, um nicht im Schmerz zu versinken und die anderen ein bißchen fröhlich zu stimmen, selbst die armen Mütter, die von ihren Kindern getrennt sind. Hatten wir uns nicht tausendmal versichert: »Weihnachten werden wir auf jeden Fall wieder in Frankreich sein.«

Vielleicht läßt die Zeitung der SS ein paar gute Nachrichten durchsickern? Als ich in den *Bunker* umziehen mußte, behaupteten manche, wir würden bald befreit werden ... In einem Monat, in einer Woche, am nächsten Tag ... Das war in Wirklichkeit die Zeit, die ihnen zu leben blieb. Und die Kinder? Die kleinen Zigeunermädchen, die mit Einwilligung ihrer Mütter sterilisiert wurden, was ihnen erlauben sollte zu überleben, falls sie nicht an den Folgen der Operation starben: Wird es für sie ein Weihnachtsfest geben? Was für ein Fest wird es werden für die Mütter der Säuglinge, die gnädigerweise nicht bei der Geburt ertränkt worden sind? Marie-Jo sieht, wie sie nach und nach schwächer werden, weil sie keine Milch bekommen. Wie jeden Tag wird sie auch am 25. Dezember die kleinen Leichname der Nacht, der Heiligen Nacht, in den Leichenkeller bringen ...

Ich habe mein Taschentuch für Anna fertig und in eine Ecke ihre Nummer gestickt. Morgen früh werde ich es ihr in die Hand drücken, wenn sie mir den Kaffee durch die Klappe reicht. So werde ich wenigstens ein Geschenk gemacht, mit einem menschlichen Wesen ein Lächeln ausgetauscht haben.

Dieser 24. ist trauriger und länger als jeder andere Tag. Er endet zunächst mit dem Lärm von Türen, die auf- und zugemacht werden. Dann höre ich Schreie und Stöhnen. Endlich Stille, die mir noch schrecklicher vorkommt. Plötzlich singt eine Frauenstimme *Stille Nacht, heilige Nacht...* Woher kommt die Stimme? Ist es eine Gefangene, eine Aufseherin? Unwichtig! Gott segne sie, denn mit diesem Lied ist der Frieden ein bißchen zurückgekehrt. Bevor ich einschlafe, singe ich *Ein Kind ist uns geboren*, *Hört der Engel helle Lieder*... und das *Adeste fideles*. Ich versage mir aber *O Tannenbaum*, denn die Tannen Mecklenburgs bringen keine Hoffnung.

Die Sirene weckt mich, während ich gerade glaubte, Violaine sei bei mir. Nein, ich bin allein und erinnere mich an mein Geschenk für Anna. Es gibt heute morgen keinen Arbeitsappell, und der Lärm beim Austeilen des Kaffees beginnt früher als üblich. Ich stelle mich neben die Tür; als die Klappe sich öffnet, drücke ich Anna gleich mein kleines besticktes Taschentuch in die Hand und sage auf deutsch »Fröhliche Weihnachten«. Kein Lächeln, keine Antwort, ich kann nur noch traurig meinen Weihnachtskaffee trinken. Wieder kommen mir die Tränen. Bloß kein Selbstmitleid! Wir feiern heu-

te das Wort Gottes, das Kind geworden
und gekommen ist, um unter uns zu
wohnen. Ja, selbst an diesem Ort der
Verzweiflung, an dem Bosheit und Angst
herrschen. Wenn ich es mit einem großen
Schrei, aus tiefster Not anrufe, läßt es
mich vielleicht seine Stimme hören, werde
ich vielleicht von der Sanftheit seiner
Liebe berührt? Doch nein, ich bekomme
keine Antwort, zumindest gelingt es
mir nicht, sie zu hören. »Uns ist ein
Kind geboren, ein Sohn ist uns gegeben.«
Er ist geboren für die Elendeste unter
uns und auch für den Grausamsten
der SS-Leute: für Syllinka, für Ruth
Neudeck, die ich mit ihrem Spaten einer
Inhaftierten die Kehle durchschneiden
sah. Kein Weihnachtslied, auch nicht das
von den Engeln, kann das Wehklagen,
die Schreie, das Haßgebrüll übertönen.
Und ich kann nicht entkommen, meine
Krippe ist hier in diesem Kerker, der

mich vom Lager trennt, sich aber allmählich mit grauenhaften Bildern, mit entsetzlichen Geräuschen füllt.

Am nächsten Tag geht die Tür auf, und mit Erstaunen sehe ich Anna eintreten. Sie lächelt freundlich und stellt einen kleinen Karton auf meinen Strohsack. »Das schicken Ihnen Ihre Freundinnen zu Weihnachten. Ich konnte es nicht früher bringen, denn wir wurden ständig überwacht. Jetzt schlafen die SS-Leute alle nach ihrer durchzechten, ausschweifenden Nacht. Ich habe den Schlüssel besorgen können. Nehmen Sie alles heraus, was im Karton ist, ich hole ihn nachher wieder ab.«

Wie wunderbar ... ein kleiner Tannenzweig, ein französisches Weihnachtslied, vier sternförmige Plätzchen, ein roter, glänzender Apfel, ein winziges Stück Speck, zwei Stück Zucker. Und dann eine Puppe, eine Marquise mit einem rosa Rock, einem Spitzentuch und weißen Locken. Unter dem Rock entdecke ich zwei gestickte Buchstaben, ein J und ein A: Jacqueline d'Alincourt, meine schwesterliche Mitgefangene, schickt mir natürlich dieses Geschenk. Und das Weihnachtslied *Zwischen Ochs und Esel* ist von Anicka und Vlasta. Ihre Freundschaft hat dieses Wunder zustande gebracht, mich in meiner Einsamkeit und meiner Verzweiflung zu erreichen. Auf dem Boden des Kartons schließlich liegt zusammengefaltet eine Art Stola, beigefarben, aus leichter Wolle, in die ich mich sofort einhülle wie in sanfte und warme Zärtlichkeit.

Anna kommt wieder, um den leeren Karton zu holen. »Sie haben kein schönes Weihnachtsfest gehabt! Es war so traurig am Heiligabend mit dem Stöhnen und den Schreien. Ihre Nachbarinnen durften zwar den *Bunker* verlassen, aber die Schläge blieben ihnen nicht erspart.«

Ich bin nicht mehr allein, als sich die Tür wieder schließt. Meine Gefährtinnen haben mich an diese Kette der Brüderlichkeit erinnert, die uns miteinander verbindet. Es wird Abend, und ich schlafe, in die Weihnachtsstola gewickelt, ein. Es ist das erste Mal seit zwei Monaten, daß ich nicht friere, und mein Traum führt mich in ein großes Feld voll blühender Margeriten und dann in einen lichten Kiefernwald, durch dessen schlanke Stämme schräg die Sonnenstrahlen fallen. Ich bin neun oder zehn Jahre alt, und es ist Sommer. Mein kleiner Onkel, der mein Pate ist, aber nur elf Jahre älter als ich, flicht mir einen Blätterkranz. »Du bist die Blumenkönigin, Geneviève ...« Ich lache vor Glück, meine Schwester und mein Bruder sehen mich bewundernd an. Beim Er-

wachen erinnere ich mich, daß meine
Schwester tot ist und daß ich nicht weiß,
ob mein Bruder noch lebt. Er ist über
die spanische Grenze gegangen und
hat sich den freiwilligen Kämpfern der
Forces françaises libres angeschlossen. Am
17. Juni 1940 hatten wir zusammen die
Radioansprache von Marschall Pétain
gehört, mit Empörung und Bestürzung.
Wie konnte man fast kampflos diese
schändliche Niederlage hinnehmen?
Roger war siebzehn Jahre alt, ich neun-
zehn. Am nächsten Tag waren wir in der
Bretagne mit vielen anderen Flüchtlin-
gen auf der Straße. Wir hatten die ersten
deutschen Soldaten gesehen: einen Trupp
Motorradfahrer mit ihren schwarzen
Jacken und Helmen. Welche Demütigung, welche Wut empfanden mein Vater
und die paar schon älteren und unbewaff-
neten Reserveoffiziere. Meine Großmutter war bei uns; als kleines Mädchen

hatte sie über die Niederlage von Sedan geweint. Ein Priester kam mit einer großen Neuigkeit über den Platz gelaufen: Er hatte in Radio London einen jungen General gehört, der dazu aufrief, den Kampf fortzusetzen, er nannte seinen Namen. Meine Großmutter richtete sich auf, klein und zerbrechlich in ihrem schwarzen Kleid, und zog den Priester am Ärmel: »Herr Pfarrer, das ist ja mein Sohn, Herr Pfarrer, das ist ja mein Sohn!« Einen Monat später war sie tot, nachdem sie mehrmals die Stimme General de Gaulles gehört hatte; sie war sehr stolz auf ihn und stimmte seinen Worten von ganzem Herzen zu. In meinem dunklen Kerker sehe ich ihr Grab vor mir, das anonyme Hände tagtäglich mit Blumen schmücken. Sie hat keinen Augenblick daran gezweifelt, daß die Ihren dem Weg der Ehre, also der *Résistance*, folgen. In den letzten Stunden ihres Lebens hat sie zu mir gesagt: »Ich mache mir Sorgen um meinen Sohn«, und sie hatte noch drei Söhne und eine Tochter, von denen sie ohne Nachricht war. Ihre Gedanken aber galten zuerst Charles, der den Auftrag hatte, die Ehre Frankreichs wiederherzustellen. Mein Part im *Bunker* von Ravensbrück war jetzt, mein Leben zu opfern, auch eine Art, sich dem Kampf anzuschließen.

Das Jahr 1945 beginnt für mich mit dem Widerhall eines weiteren Trinkgelages unserer SS-Leute. Wie steht es um den Krieg? Im Lager dringen die Nachrichten so oder so bis zu uns durch. Ich habe von der Befreiung von Paris noch am Abend des Triumphzugs über die Champs-Élysées erfahren.

Vlasta, eine tschechische Gefährtin, die in einem Büro der SS arbeitete, hatte einen Augenblick, in dem sie unbewacht

war, ausgenutzt, um den Knopf des
Radioapparats zu finden, der leise lief
für den Fall, daß Luftalarm angekündigt
würde. Eine Sekunde lang ertönte das
ungeheuere Jubelgeschrei des Volks
von Paris. Nach der Arbeit konnte sie
zu mir kommen, und ich ging in mehrere
Baracken, um den Französinnen zu
verkünden, daß Paris befreit war.

Während ich mir diese glorreichen
Augenblicke vorstelle, bin ich von meiner
Zelle weit entfernt. Doch beunruhigende
Geräusche im Gang bringen mich in die
rauhe Wirklichkeit zurück. Mehrere
Tage zuvor ist unter lautem Getöse meine
schwere Tür von oben bis unten geborsten. Ich spähe durch den Spalt und sehe
Männer in weißen Kitteln kommen und
gehen. Ich habe gerade noch Zeit, meinen
Beobachtungsposten zu verlassen, als
die Riegel zurückgeschoben werden und
ich unerwarteten Besuch bekomme von

einem dieser Männer in Weiß mit einer
Spritze in der Hand. Er bedeutet mir,
mein Kleid zu öffnen, und spritzt mich in
die Brust. Was mag das sein? Ist es eine
tödliche Injektion, wie man sie im Lager
den Irren und den Tuberkulosekranken
gibt? Oder die Einleitung zu einem Experiment, wie es die »Kaninchen« über
sich ergehen lassen mußten? Ein langes
Warten beginnt. Soll ich mich auf den
Tod vorbereiten? Plötzlich scheint er mir
unmittelbar bevorzustehen. Was mich
bekümmert, ist, daß niemand von den
Meinen, weder mein Vater noch meine
Gefährtinnen, je erfahren wird, wie mein
Leben geendet hat. Ich bleibe auf, solange ich kann, und denke, ich hätte auch
vor einem Erschießungskommando
stehen können. Endlich lasse ich mich
erschöpft auf meinen Strohsack fallen
und schlafe durch, bis die Sirene ertönt.
Es ist nicht das Zeichen zum Aufstehen,

sondern Fliegeralarm. Die Bomben
schlagen nicht allzuweit entfernt ein.
Kommt der Krieg vielleicht näher? Man
muß noch einmal versuchen zu leben,
die Lust dazu kehrt schnell zurück.

Im Lager waren Bücher natürlich
verboten, aber mutige Gefährtinnen, die
unter strenger Bewachung das Gepäck
der Neuankömmlinge sortierten, brachten manchmal heimlich welche mit. Ein
paar Stunden lang hatte ich *Moby Dick*
auf deutsch, eine Anthologie mit französischen Gedichten und Flauberts
Salammbô in der Hand. Und ich bin
unter der Sonne Afrikas, am Fuß der
Stadtmauer von Karthago. Der Krieg
Hamilkars scheint mir so gegenwärtig
wie der von heute. Es gibt keine Zeit
mehr, es gibt keine Grenze mehr zwischen Traum – oder Alptraum – und
Realität. Ich kann meine Zelle verlassen,
Entfernungen und Jahrhunderte durch-

messen. Mein Gedächtnis liefert mir bald schreckliche Erinnerungen an Erlebnisse nur ein paar Wochen vorher, bald imaginäre Ängste vor den Kraken aus *Zwanzigtausend Meilen unter dem Meer*. Ich kämpfe, indem ich versuche, mir Gedichte aufzusagen, manchmal fehlen mir Wörter, die ich dann auf seltsame Weise wiederfinde: »Den Reiher sieht man am Fluß entlang spazierengehn, unterm Pont Mirabeau fließt die Seine, die gallische Loire oder der römische Tiber, und vor mir dehnt sich der unendliche Ozean.« Seine Fluten tragen mich davon, der Strahl eines Leuchtturms streift den Wellenkamm, der Himmel ist übersät mit Sternen, einige erkenne ich, Altair fehlt mir. Ich liege auf dem Rücken und spüre die warme Erde des Sommers. Plötzlich ist alles von dickem Nebel bedeckt, bevor ein großer verschneiter Wald sichtbar wird. Meine Großmutter und ich fahren auf einem Schlitten, den zwei große Pferde ziehen. Ihre Glöckchen klingeln lustig, wenn es nicht die kristallenen Bäume sind. Wir sitzen eng aneinandergeschmiegt unter einer roten Plüschdecke.

Trotz dieser Fluchten sind die Tage endlos. Vergeblich spähe ich nach dem kleinen Abendlicht vor dem Kellerfenster, nichts erhellt mein Halbdunkel. Es muß aber gut sein für meine Augen, denn die durch die Hornhautgeschwüre verursachten heftigen Schmerzen sind fast verschwunden. Dafür kann ich nichts mehr essen, und ich erhöhe die Brotrationen meiner Kakerlaken. Sie werden immer zutraulicher, Félix überrasche ich in meiner Armbeuge. Unmöglich, meine Suppe aufzuessen, ich schütte den Rest in das stinkende Loch des Abtritts. Könnte ich sie doch teilen! Denn ich habe gesehen, wie Frauen Reste von Steckrüben

von der Erde aufgeleckt haben, nachdem
eine hungrige Meute einen Kessel um-
geworfen hatte. Im Vergleich zum Los
meiner Gefährtinnen bin ich privilegiert.
Keine Schläge, keine zermürbende Arbeit, kein mühsames Gedränge. Ich habe
einen Strohsack für mich allein, Wasser
nach Belieben, ich kann trinken und
mich waschen.

Eines Morgens stehe ich beim Appell
nicht vor meiner Pritsche stramm, wie es
Vorschrift ist. Ich habe die ganze Nacht
geschlottert und kann mich nicht auf den
Beinen halten. Die Aufseherin sieht es
durch die Klappe und öffnet die Tür. Ich
bin auf Schläge gefaßt, sie dagegen fragt
mich, ob ich krank sei. Einige Stunden
später bekomme ich überraschend Besuch von einem SS-Arzt, den ich noch
nie im Lager gesehen habe. Ohne meine
Zelle zu betreten, befragt er mich; ich
beschreibe kurz meinen Zustand: Fieber,

ein heftiger Schmerz unter der rechten Lunge, und wage hinzuzusetzen, das sei bestimmt ein Wiederaufflammen der Rippenfellentzündung, die ich bei meiner Ankunft in Ravensbrück bekam. Welch ungewöhnliche Fürsorge! Ich erhalte sogar vier Tabletten für die beiden folgenden Tage und darf auf meinem Strohsack liegenbleiben.

Bereits am 3. Oktober hatte sich meine Situation verändert. Als ich erschöpft von der Arbeit kam, war ich am Eingang meiner elenden und überbelegten Baracke von einer SS-Aufseherin angesprochen worden. Ohne Brutalität befahl sie mir, nachdem sie meine Nummer überprüft hatte, ihr zu folgen, der Lagerkommandant lasse mich rufen. Wir gingen durch das große Tor, hinter dem sich die Gebäude der SS befanden: Das nächstliegende war die Kommandantur. Ich hatte Suhren, diese furchterregende

Person, immer nur von weitem gesehen.
Ich mußte den Kopf senken und auf
deutsch nicht meine Identität, denn ich
hatte keine mehr, sondern meine Häft-
lingsnummer hersagen: 27372. Er stand
vor seinem Schreibtisch in einem langen,
von drei Fenstern erhellten Raum. Seine
überraschende erste Frage war: »Wie
geht es dir?« Warum erkundigte sich dieser allmächtige Herr nach der Gesund-
heit eines so elenden Geschöpfs, das für
ihn gar nicht von Interesse sein konnte?
Ich antwortete: »Sehr schlecht, wie Sie
sehen.« Der unwirkliche Dialog ging
weiter: »Du siehst tatsächlich nicht gut
aus. Wo arbeitest du?« Ich nannte das
Kommando von Syllinka, dem ich offi-
ziell immer noch zugeteilt war. In Wirklichkeit hatte mich Milena Seborova, eine
tschechische Vorarbeiterin, gerettet, mit
dem stillschweigenden Einverständnis
von Herrn Schmidt, der im zivilen Leben

ein großes Bekleidungsunternehmen in
Berlin führte. Bei Kriegsbeginn aufgeboten und in den »Pelzwerkstätten«
eingesetzt, hatte er sich als SS-Mann
wiedergefunden, ohne daß man ihn um
seine Meinung gefragt hätte. Milena übte
einen gewissen Einfluß auf ihn aus, indem sie auf den Sieg der Alliierten und
das Schicksal verwies, das ihm dann bevorstehen würde. Halb aus Angst, halb
weil er kein schlechter Kerl war, willigte
er ein, Häftlinge, die am Ende ihrer Kraft
und daher in großer Gefahr waren,
seinem Kommando zu unterstellen. So
auch mich. Milena hatte den Mut, ausgestattet mit einem von Herrn Schmidt
unterschriebenen Zettel, von Syllinka die
Nummer 27 372 zu verlangen. Er kannte
natürlich meinen Namen nicht, aber das
Risiko für Milena und sogar für Schmidt
war trotzdem erheblich. Ich verbrachte
ein paar Wochen zwischen Stapeln von

Kaninchenfellen, mit denen die Mäntel der SS an der russischen Front gefüttert werden sollten. Dann wurde ich von den Widerstandskämpfern im Lager einer langjährigen politischen Gefangenen, der Deutschen Maria Wittmeyer, anvertraut, die die Oberhoheit über das Pelzmagazin innehatte. An ihr kam man nicht vorbei, wenn man sich ein paar Meter Stoff, Nähgarn oder Wolle beschaffen wollte. Die Aufseherinnen und die gesamte Hierarchie, die sich auf dem »Schwarzmarkt« versorgen wollten, waren auf sie angewiesen. Maria hatte mich nicht sehr freundlich empfangen: »Bisher habe ich nur Kommunistinnen bei mir aufgenommen«, sagte sie. »Aber das Internationale Komitee hat mich gebeten, dir beim Überleben zu helfen. Bleib da!«

Suhren wußte natürlich nichts von dieser ganzen Geschichte und verzog das Gesicht, als ich die Kleiderwerkstätten nannte, wo Syllinka herrschte. Denn ich hatte instinktiv den Kopf gehoben und ihn ansehen können. Er war rothaarig und erinnerte mich mit seinem listigen Ausdruck an einen Fuchs, was nicht sehr schmeichelhaft war für das arme Tier. Er setzte sich auf die Kante seines Schreibtischs und fragte mich weiter aus: »In welcher Baracke bist du?« »In Block 31.« Er verzog das Gesicht noch mehr. »Von jetzt an arbeitest du im Krankenrevier und wohnst in Block 2. Das wird weniger hart für dich.« »Aber ich verstehe nichts von Krankenpflege«, wagte ich zu entgegnen. »Macht nichts, du arbeitest auf der Schreibstube, du kannst ja Deutsch.« Der Kommandant griff zum Telefon und wies zuerst die Oberschwester, Frau Marschall, an, mich in das Personal des Reviers aufzunehmen. Dann rief er die Oberaufseherin wegen meiner neuen Unterkunft an. Vergeblich hatte ich versucht einzuwenden, ich wolle mit meinen französischen Gefährtinnen von Block 31 zusammenbleiben. »Das ist ein Befehl«, beschied mich Suhren barsch. Bevor er mich dann entließ, fragte er noch, ob ich etwas beantragen wolle: »Wäsche zum Beispiel, ein warmes Kleidungsstück?« »Nein, Herr Kommandant, aber wie Sie sehen, werden die Französinnen im Lager mit am schlechtesten behandelt. Ihre Situation wäre weniger schlimm, wenn sie zusammengelegt würden. Alle brauchen Medikamente und Winterkleidung.« »Das ist nicht deine Sache, aber wenn du noch etwas brauchst, laß es mich wissen.«

Während ich, immer in Begleitung der Aufseherin, zu meinem Block zurückging, freute ich mich nicht über die Veränderung meiner Situation, die mich von meinen Freundinnen, vor allem von Jacqueline, trennte, wohl aber über die

Bedeutung dieses plötzlichen Interesses, das meiner armseligen Person entgegengebracht wurde und das zweifellos mit den Erfolgen der Alliierten zu tun hatte. Bisher hatte keiner der SS-Leute, die kleinen sowenig wie die großen, sich um meinen Namen gekümmert. Es war reiner Zufall, daß ich nicht an Prügeln, Elend oder Erschöpfung zugrunde gegangen noch mit einem »Schwarzen Transport« in die Vernichtung geschickt worden war. Noch am selben Abend wurde ich dem Block 2 zugeteilt, wo es nur eine Französin gab, Baty, die man, kahlgeschoren, wie sie war, zur Friseuse der Aufseherinnen bestimmt hatte, und eine Belgierin, Félicité, die als Technikerin mit für die Instandhaltung der Betriebsanlagen zuständig war.

Die Ungleichheit in einem Konzentrationslager war beträchtlich. Bei der Ankunft wurde einem alles abgenommen, keine hatte etwas, keine war etwas, manche aber erwarben sich Macht und Reichtümer. Die Privilegierten von Block 2 hatten jede für sich einen Strohsack mit einem blauweißkarierten, gut gefüllten Federbett. Jede besaß ein kleines Handtuch, das neben ihrem Eßnapf und ihrem Becher in einem Schrank hing, und sogar einen Löffel! Sie konnten und mußten sauber und ohne Flöhe sein, denn durch ihre Arbeit kamen sie mit dem SS-Personal in Berührung. Zudem war der Block ein Schaufenster des Lagers Ravensbrück, das man vorzeigen konnte, wenn ausnahmsweise Besucher kamen.

Am nächsten Tag hatte ich ein sauberes Lagerkleid, eine Jacke, ein Tuch und fast neue »Pantinen« erhalten. Ich gehörte offensichtlich nicht mehr zum Subproletariat des Lagers: den Elenden, Zerlumpten, grundlos Geschlagenen, mutwillig Geschundenen. Und ich mußte mich bei der gehässigen, aber gezwungenermaßen gehorsamen Oberschwester melden. Ich arbeitete in einem Archivraum zusammen mit mehreren Deportierten, die schon lange im Lager waren, und sollte ihnen helfen, Listen mit den Namen und Nummern der Toten und der Lebenden anzufertigen und abzulegen. Das währte nicht lang, denn zwei Tage später wurde ich beim Appell ohnmächtig. Niemand prügelte auf mich ein, damit ich aufstand, und gleich nach der Sirene am Ende des Appells wurde ich, nicht als Arbeiterin, sondern als Kranke, ins Hauptrevier getragen. Meine Skorbut-Wunden wurden desinfiziert, ich erhielt sogar eine überraschende Vergünstigung in Form einiger Vitamine und durfte mehrere Tage liegenbleiben, ohne zum Appell erscheinen zu müssen. Am 25. Oktober war ich dann noch einmal in Block 31, um mit Jacqueline und ein paar Gefährtinnen meinen Geburtstag zu feiern. Denn meine Kleidung erlaubte mir, mich im Lager zu bewegen, während es mit der ihren unmöglich war, in den »vornehmen« Teil zu kommen. Drei Tage später, zurück in Block 2, wurde ich in den *Bunker* gebracht und eingeschlossen; für wie lange?

Jedenfalls muß die Fürsorge, die man mir angedeihen läßt, ein gutes Zeichen sein. Ich kann nichts anderes tun als warten. Mein Fieber ist gesunken, die Schmerzen auf der rechten Seite lassen nach. Ich beginne wieder, durch den Spalt in meiner Tür zu spähen. Soldaten tragen ein paar Möbel vorbei, dann führen sie einen Mann in die Zelle, die der meinen gegenüber, aber einen Stock höher liegt, einen Mann in Uniform, ohne SS-Abzeichen, mit bloßem Haupt; es könnte eine untere Charge sein. Ich darf einen zweiten Spaziergang machen, und da die Tür meines Nachbarn offensteht, sehe ich, daß man ihm etwas anderes zu essen bringt als Lagersuppe.

Bei meiner Rückkehr ist seine Zelle wieder verschlossen. Als ich die meine betrete, händigt mir die Aufseherin einen Briefumschlag aus. Tränen der Freude: Es ist die Schrift meines Vaters. Er lebt also, er weiß, wo ich bin. Wieder und wieder lese ich die Anschrift: »An die Inhaftierte de Gaulle Geneviève Nr. 27372 – Block 26 – F. K. L. Ravensbrück bei Fürstenberg – Mecklenburg – Deutschland.« Auf der Rückseite seine Adresse: »Absender: Xavier de Gaulle, bei Monsieur Perriraz – 27 rue Plantamour – Genf.« Als meine Finger nicht mehr so stark zittern, öffne ich vorsichtig den Brief, den ersten, der mich seit meiner Verhaftung erreicht. Er schreibt auf deutsch. Welches Glück, die Sprache Goethes gelernt zu haben! Seine Sätze sind einfach und

kurz, voll unendlicher Zärtlichkeit, und
er erwähnt all die Meinen, auch meinen
Bruder Roger, den Kämpfer der *France
libre*. Um die Freude zu teilen, gebe ich
den Kakerlaken ein großes Stück Brot,
während ich versuche, ein wenig Suppe
zu essen, um wieder zu Kräften zu kommen.
Meine Arme und Beine werden
immer dünner, meine Wunden verheilen
nicht. Aber ich habe einen schönen
Traum. Ich liege bäuchlings in einem
flachen Boot und gleite über dunkles
Wasser. Der Fluß ist schmal und von
schwarzen, schroffen Felsen gesäumt.
Die Strömung trägt mich durch einen
endlosen Tunnel, ich kann nicht einmal
den Kopf heben. Plötzlich ein schwacher
Lichtschein, und ich erwache mit einem
Gefühl der Hoffnung. Ein langer Tag,
genau wie die vorigen und doch anders.
Ich singe die *Lieder*, die Papa mir beigebracht
hat, wenn er mich auf dem Klavier

begleitete: *Die Forelle, Die Lorelei, Der Lindenbaum, Der Erlkönig.* Ich bete auch und denke dabei an sein Gebet, das mich beschützt; er schreibt es in seinem Brief und erfleht für mich die Fürbitte meiner sanften kleinen Mama, meiner Schwester Jacqueline.

Eine Aufseherin ist hereingekommen. Sie betrachtet mich ohne Feindseligkeit und ohne Verachtung. Vielleicht bin ich für sie ein menschliches Wesen? Ohne Erklärung legt sie eine Packung Calcium D Redoxon und drei Schachteln C Phos auf mein Bord. Es ist wie die Antwort auf meinen Traum. Die Medikamente kommen aus der Schweiz, ihre Verpackung erscheint mir luxuriös. Ich beginne sofort mit der Kalzium-Behandlung und beschließe, mit den Vitaminen noch etwas zu warten. Anna hat mir wieder Arbeit und eine Schere gebracht. Aus dem Hochglanzkarton der Packung und mit Hilfe meines kleinen Bleistifts fabriziere ich ein winziges Kartenspiel, damit ich Patiencen legen kann und mich in Geduld übe.

Heute vor einem Jahr haben wir das Gefängnis von Fresnes verlassen. In der Registratur hatte man uns gegen Unterschrift einige der bei der Ankunft konfiszierten Gegenstände zurückgegeben. Meine schwarzrote Handtasche, darin meine Pfeife, ein paar Tabakkrümel, meine Brille, Fotos, die mir nicht gehörten, aber weder die goldene Uhr, die mir meine Patin geschenkt hatte, noch meinen hübschen Ring mit einem von kleinen Perlen eingefaßten Topaz, ein Geschenk von Tante Madeleine zu meinem einundzwanzigsten Geburtstag, noch das wenige Geld, das ich am Tag meiner Verhaftung bei mir hatte. Wir haben die Nacht in Zellen im Erdgeschoß verbracht, trotz der Ungewißheit be-

geistert, das Gefängnis verlassen und
die Gesichter derjenigen entdecken zu
können, von denen wir nur die Stimmen
kannten.

Im Lager Royallieu bei Compiègne
haben wir dann Hunderte von Frauen
aus allen Ecken Frankreichs getroffen.
Die Baracken waren mehr als primitiv,
wir erhielten nur eine kleine Schüssel mit
einem halben Liter Wasser zum Trinken
und zum Waschen. Die Latrinen waren
ziemlich weit entfernt, ein Graben in der
Erde, neben dem Drahtzaun des Männerlagers. Innerhalb unserer Umzäunung
aber konnten wir umhergehen und miteinander reden. Ich entdeckte, wie groß
bei diesen Frauen die Unterschiede
waren im Alter, im Milieu, in der geographischen Herkunft. Verhaftet hatte
man sie fast alle wegen Widerstand, ihre
Motive jedoch waren sehr verschieden;
einig waren sie sich in der Weigerung,

die Niederlage und den Nazismus zu
akzeptieren. Die einen gehörten Nachrichtennetzen an oder hatten alliierte
Flieger oder Abgesandte Londons beherbergt. Pauline, die ich sofort sympathisch fand, war Arbeiterin, Kommunistin, und aktiv an Sabotageakten und
Attentaten beteiligt gewesen. Bella, die
aus einer Diplomatenfamilie stammte,
hatte mehrere Monate in Isolationshaft
verbracht. Ihr schönes schwarzes Haar
schüttelnd, sagte sie uns Gedichte auf,
die sie in ihrer Zelle in Fresnes verfaßt
hatte. Claire, Sozialistin und Lehrerin,
hatte mit Pierre Brossolette verkehrt
und Jean Moulin kennengelernt. Odette
erzählte uns, wie ihr sechzehnjähriger
Sohn gefoltert wurde und unter Stöhnen
schrie: »Mama, sag nichts, Mama.«
Yvonne war Ärztin, Annie die Frau
des ständigen Sekretärs der Akademie
der Wissenschaften. Lola, eine Monar-

chistin, führte die Buchhandlung *Au vœu de Louis XIII* in der Rue Bonaparte, die der »*Défense de la France*« als Briefkasten diente und wo ich – unter vielen anderen – am 20. Juli 1943 verhaftet worden war.

Wie kann ich nur diese wenigen nennen, wenn ihre Gesichter sich um mich drängen? Sie überschwemmen meine Zelle, sie rufen mich, sie applaudieren, als beim Appell zum Aufbruch – unter tausend anderen – mein Name genannt wird. Die wütenden Deutschen hatten uns geschubst (es war noch nicht die SS) und ein paar Hunde losgelassen, um uns angst zu machen. Wir aber fühlten uns gleichzeitig so zerbrechlich und so stark, bevor wir in die Viehwaggons gestoßen und eingesperrt wurden.

Ein Jahr ist diese schreckliche Reise her, die drei Tage und drei Nächte gedauert hat. Kein Wasser, eine überlaufende

Blechkanne als Abort für achtzig Frauen, die sich nur abwechselnd hinlegen oder setzen können. Keine von ihnen wird je die Nacht vergessen, als der Zug in der Dunkelheit stehenblieb; es war die Nacht vom 2. auf den 3. Februar. Die Tür hatte sich endlich geöffnet; wir waren wie betäubt, aber durch das Geschrei der SS und das Gebell ihrer Hunde kamen wir schnell wieder zu uns. Wir sprangen aus dem Waggon, zum Glück auf Sand, empfangen von Knüppelhieben. »Schnell, schnell, in Fünferreihen, ihr Drecksäue«, übersetzte ich meinen Nachbarinnen. Die lange Kolonne hatte sich recht und schlecht in Marsch gesetzt und durchquerte einen leicht verschneiten Kiefernwald. Viel später durchschritten wir erschöpft mit unserem armseligen Gepäck das große Tor des Lagers. Wo waren wir? Wie würde dieser unwirkliche Gang durch die Nacht enden?

Wir sind jetzt eingeweiht, wer aber wird noch Zeugnis ablegen von diesem Zug? Wie viele meiner Gefährtinnen sind gestorben, seit ich im *Bunker* bin? Was haben die durchgemacht, die mit den Kommandos ausgerückt sind?

Die Gegenwart, das ist, noch vor der ersten Sirene, ein neuerliches Kommen und Gehen im hell erleuchteten Gang. Wieder spähe ich durch den Spalt in meiner Tür und sehe meinen Nachbarn von gegenüber zwischen zwei SS-Leuten davongehen. Einen flüchtigen Augenblick lang gewahre ich sein verschlossenes Gesicht, sein kurzes graues Haar. Ich ahne, daß er in den Tod geht, daß er nie wieder in den *Bunker* zurückkehren wird. Wer er auch sein mag, ich sage ihm Lebewohl.

Während des Tages kommt eine der Aufseherinnen und befiehlt mir, mich fertigzumachen, um in eine andere Zelle

umzuziehen. Ohne Bedauern betrachte
ich noch einmal mein düsteres Quartier
und meine Kakerlaken. Die SS-Frau
kommt zurück; als sie Félix in meiner
Nähe bemerkt, zertritt sie ihn mit ange-
ekelter Miene. Am Ende des Flurs geht
eine Treppe nach oben. Ich finde mich
in der gegenüberliegenden Zelle wieder,
in der, die ein paar Stunden früher mein
unbekannter Nachbar verlassen hat.

Das Licht des Spätnachmittags
empfängt mich jäh und blendet mich.
Die Fensteröffnung überragt ein wenig
die Mauer, die das Lager von den Verbrennungsöfen trennt. Der entsetzliche
Gestank schnürt mir die Kehle zu, bei
entsprechendem Wind füllt er meine
ganze Zelle. Sie ist ähnlich eingerichtet
wie die vorige. Man hat wohl wieder
ausgeräumt, was für den letzten Gast
hineingestellt worden war. Ich bemerke
ein Stückchen Papier, das in dem kleinen

Fenster eingeklemmt ist. Da ich wieder etwas bei Kräften bin, kann ich meinen Hocker, der zum Glück nicht angekettet ist, darunterschieben. Ich klettere hinauf und sehe ziemlich weit hinter der Mauer die Wipfel von Tannen. Zwischen der Fensterscheibe und dem Gitter stecken tatsächlich die Strohhülse von einer Flasche und ein zerknittertes Blatt Papier. Ich kann es vorsichtig herausziehen und steige vom Hocker, um den Namen des Adressaten zu lesen: General von ... Werde ich eines Tages erfahren, weshalb er in das Gefängnis eines Frauenkonzentrationslagers kam und was danach aus ihm wurde?

Dank Kalzium und Licht geht es mir eindeutig besser, auch wenn meine Augen wieder schmerzen, und ich werde zu meinem dritten Spaziergang in den kleinen Hof geführt. Diesmal aber ist der Himmel blau, ein bißchen bewölkt, die

Luft ist frisch, ich habe das Gefühl, aus einer tiefen Höhle zu kommen. Es ist mir nicht mehr gleichgültig, ob ich lebe oder sterbe. Ich möchte meine Lieben wiedersehen, den Frühling und die blühenden Bäume. Wenn ich nach Paris zurückkomme, werde ich mir Monets *Seerosen* in der Orangerie anschauen. Kaum habe ich an sie gedacht, überwuchern sie meine Träume, mein stiller See ist von ihren hell strahlenden Blüten bedeckt.

Der Gestank der Krematorien ist nicht mehr auszuhalten. Beißender Rauch füllt meine Zelle. Ich weise Anna darauf hin, und sie erwidert kurz, einer der beiden Öfen, mit Leichen überladen, habe angefangen zu brennen. Meine Phantasien waren wohl ein bißchen voreilig. Die Realität sieht so aus, daß die Zahl der Toten Tag für Tag steigt. Schon bevor ich in den *Bunker* kam, war ein zweites Krematorium neben dem alten gebaut worden, wir hatten den hohen Kamin langsam über die Lagermauer hinauswachsen sehen. Er genügt offenbar auch nicht mehr. »Alle werden sterben«, flüstert Anna mir zu, als sie mir meinen Kaffeebecher durch die Klappe reicht.

Warum bin ich nicht bei den anderen? Dieses Ausgeschlossensein wird mir immer unerträglicher, und in Gedanken bin ich ständig im Lager. Mehrere Nächte verfolgt mich der gleiche Traum: Man holt mich aus der Zelle und läßt mich in ein Auto einsteigen, das lange durch die Dunkelheit fährt. Dann trete ich in blendender Helligkeit vor eine Art Tribunal: Die Richter sind schwarz gekleidet und tragen ein Barett, ihre Mienen sind undurchdringlich. Ich soll ihnen das Leben im Lager Ravensbrück beschreiben. Ich weiß, es ist sehr wichtig.

Aber schon während ich spreche, werden
mir die Mängel meiner Aussage bewußt.
Jedesmal erwache ich mit zugeschnürter
Kehle und einem quälenden Gefühl der
Ohnmacht. Ich bringe meine Tage jetzt
damit zu, die Liste meiner Anschuldigungen zu vervollständigen. Ich möchte nur
das festhalten, was ich bezeugen kann,
und das ist grausam. Mein Gedächtnis
fördert nach und nach zutage, was ich
zu vergessen versuchte, um überleben
zu können. Meine Anklage wird genauer,
geordneter. Im Traum stehe ich weiterhin vor den Richtern.

Plötzlich öffnet sich die Tür, und
Kommandant Suhren selbst steht vor
mir. Ich habe ihn seit der Unterredung
am 3. Oktober nur einmal gesehen, in
der Nacht, als ich in den *Bunker* kam.
Nein, es ist kein Traum, er spricht mich
an und scheint ein wenig von seinem
Dünkel verloren zu haben: »Sie bekom-

men Besuch. Zwei Personen werden Sie befragen, und Sie haben ihnen korrekt zu antworten.« Er hat kaum geendet, da erscheinen die beiden schon. Suhren läßt Stühle für die Besucher bringen. Der erste ist Zivilist, selbstsicher, ziemlich vulgär. Er trägt einen weichen schwarzen Filzhut, einen dicken Ring mit blauem Stein am Finger, elegante Schuhe. Der andere ist ein recht junger Offizier ohne SS-Abzeichen; er hat sofort seine Mütze abgenommen und sieht mich aufmerksam an. Ich meine zu verstehen, daß er Arzt ist. Nachdem Suhren mich auf meiner Pritsche hat Platz nehmen lassen, setzt er sich selbst auf meinen Hocker und sagt noch einmal, ich solle ganz ehrlich auf alle Fragen antworten, die mir gestellt würden. Sichtlich sehr beeindruckt von den beiden anderen, wird er anschließend den Mund nicht mehr aufmachen.

Das Gespräch beginnt mit Fragen zu meiner Verhaftung, zu den Gründen, weshalb sie erfolgte; man möchte wissen, ob ich mich über die Verhöre der Gestapo oder die Behandlung im Gefängnis von Fresnes zu beklagen habe. Ich lege Wert auf die Feststellung, daß ich persönlich nicht gefoltert worden bin, nur zu Boden geworfen und mit Faustschlägen und Fußtritten traktiert, was den Offizier, der sich Notizen macht, sehr zu schockieren scheint. Ich schildere die furchtbare Reise, die Ankunft in Ravensbrück, wo uns alles weggenommen wurde, die Hunde, die Schläge, den Terror. Dann beschreibe ich, indem ich die chronologische Reihenfolge einzuhalten versuche, die fortschreitende Zerstörung dessen, was einen Menschen ausmacht, seiner Würde, seiner Beziehung zu den anderen, seiner elementarsten Rechte. Wir sind »*Stücke*«; jede beliebige Aufseherin und selbst die Lagerpolizistinnen, die Blockältesten – Häftlinge wie wir –, dürfen uns ungestraft beleidigen, schlagen, mit Füßen treten, töten: Man wird immer nur ein Schädling weniger sein. Ich habe diese Vernichtung, wenn der Körper schon nicht mehr kann, gesehen und durchgemacht. Hunger, Kälte, Zwangsarbeit sind gewiß Prüfungen, aber nicht die schwersten.

Was verstehen meine Besucher? Manchmal zuckt der eine oder der andere zusammen, unterbricht mich, damit ich einen Vorfall genauer beschreibe, vor allem wenn die schlechte Behandlung mich persönlich betrifft. Suhren merkt vielleicht, daß diese Inhaftierte hier noch in der Lage ist, Zeugnis abzulegen und sogar zu urteilen. Wenn Nazideutschland besiegt ist, wird es Verantwortliche geben, die Rechenschaft ablegen müssen. Falls man nicht die Überlebenden bis zum letzten beseitigt! Findet diese Befragung statt, um mich zu testen, zu prüfen, wie scharf meine Anklage später sein wird, wenn ich aus Ravensbrück herauskomme?

Ich weiß nicht, wie lange die sonderbare Beweisaufnahme dauert. Sie geht außerhalb der Zelle weiter, im Krankenrevier der SS neben der Kommandantur. Der junge Offizier führt sie fort im Beisein von Dr. Trommer, den ich einmal während eines Pleuritis-Rückfalls gesehen habe. Er verlangt mein Krankenblatt ... Welch ein Hohn! Und ist empört, als er, nachdem er mich geröntgt hat, feststellt, daß ich schwer lungenkrank war, ohne je behandelt worden zu sein. Meine Skorbut-Wunden schockieren ihn auch, ebenso der Zustand meiner Augen, meine extreme Magerkeit, meine große Schwäche. Ich bin sicher keine gute Referenz für das Lager Ravensbrück! Die medizinische Untersuchung wird durch einen Luftalarm unterbrochen, ich werde sofort in meine Zelle zurückgebracht; das Ganze erscheint mir vollkommen unwirklich.

Nicht weniger unwirklich meine Begegnung mit einem Gestapomann. Die Büros liegen außerhalb der Lagermauer, ich werde von einem höflichen Mann empfangen, der sogleich über Paris spricht, wo er mehrere Monate verbracht hat und das ihm in sehr guter Erinnerung ist! Er merkt bald, daß meine Erinnerung an die Gestapo nicht so freundlich ist ..., und kommt rasch auf meine Aktivitäten in der *Résistance* zu sprechen. Ich verharmlose sie, so gut ich kann, ohne den Namen irgendeines Gefährten zu nennen. Man weiß nie! Vielleicht ist die eine oder andere Akte noch nicht endgültig geschlossen. Eine adrette, lächelnde Sekretärin tippt dieses sonderbare Ver-

hör ab, das nicht viel mehr als eine Formalität ist, wie mir schnell klar wird.
Während der Gestapomann mich meine Aussage durchlesen läßt und für ein paar Minuten verschwindet, bleibe ich mit der Sekretärin allein. Auch sie spricht französisch mit mir, um mir zu sagen, daß sie Paris liebt. »Schreiben Sie mir ein paar Zeilen in mein Album«, sagt sie, »zur Erinnerung an unsere Begegnung.«
Als meine Verlegenheit wächst, schlägt die junge Frau vor: »Den Anfang eines Chansons von Lucienne Boyer zum Beispiel, die ich so bewundere.« Und so schreibe ich in einer Art Bewußtseinstrübung: »*Parlez-moi d'amour, dites-moi des choses tendres* (Sprecht mir von Liebe, sagt mir Zärtlichkeiten) – Lucienne Boyer.« Und unterschreibe mit Geneviève de Gaulle ... Als ihr Chef zurückkommt, sitzt die Sekretärin wieder stumm vor ihrer Schreibmaschine und reicht mir

das Protokoll meiner »Geständnisse« für eine weitere Unterschrift. Es ist Abend, als ich in mein gewohntes Quartier zurückkehre.

Ich träume nicht mehr, schlafe kaum. Das Krematorium raucht immer noch, die Geräusche des Lagerrituals dringen gedämpft zu mir. Dicke Schneeflocken fallen vor meinem Fenster. Um mich ein bißchen zu beschäftigen, ordne ich die paar Gegenstände, die ich mir erhalten konnte: meine Weihnachtsgeschenke, das Nadelkissen von Jacqueline, mein kleines Kartenspiel, einige Papierstreifen, den Beutel, in dem ich immer meine sehr magere Brotration und die drei grünen, dreieckigen Schachteln Vitamin C verstaue. Ich tue gut daran! Am nächsten Tag kommt plötzlich die Aufseherin und macht Licht in meiner Zelle: »Schnell, schnell, ziehen Sie sich an.« Sie hat mir ein marineblaues Kleid mit weißen Karos, kurzärmlig, aber aus Wollstoff mitgebracht, Leinenschuhe und ... zu meiner Verblüffung, meinen Mantel. Ja, genau den, den Freunde mir ins Gefängnis von Fresnes haben bringen lassen, da sie die Reise nach Deutschland vorausahnten, und den ich bei unserer Ankunft im Lager mit allem übrigen abgeben mußte. Ich ziehe die von Lise gestrickten dicken Wollstrümpfe an, mit denen ich die Sommerschuhe annähernd ausfülle, und lege die Stola um, die mir meine Freundinnen geschenkt haben, bevor ich mit wahrem Vergnügen in meinen Mantel schlüpfe. Das wenige, das ich mitnehme, habe ich in das Stück Stoff geknotet, das mir als Handtuch gedient hat. Mein Eßnapf, mein Becher ebenso wie meine Häftlingsuniform müssen dableiben.

Kurze Zeit später verlasse ich meine Zelle, vielleicht für immer? Es kommt mir vor, als hätte ich darin Jahre zugebracht und mehrere Leben gelebt. Anna steht stumm im Gang. Sie hat das kleine Taschentuch in der Hand, das ich ihr zu Weihnachten geschenkt habe, und winkt verstohlen damit, um mir auf Wiedersehen zu sagen. Im Büro des *Bunkers* erwarten mich zwei SS-Leute, eine junge Aufseherin und eine schrecklich abgemagerte Frau, die sehr alt zu sein scheint. Auf ihrem kahlgeschorenen Kopf sind ein paar Flaumhaare nachgewachsen. Sie sieht aus wie Gandhi in den letzten Augenblicken seines Lebens. Wir wechseln einen Blick, wir wagen noch nicht zu sprechen, aber ich halte ihre Hand, als wir die drei Stufen des *Bunkers* hinuntergehen. Zusammen, flankiert von den beiden SS-Leuten und der Aufseherin, treten wir durch das Tor des Lagers. Es liegt noch Schnee, ein eisiger Wind weht. Ich versuche, mich umzudrehen, und sehe von weitem die gebückten

Silhouetten der Frauen, die die schweren Kaffeekannen tragen. Der Morgen dämmert, vielleicht ist es ein Morgen der Hoffnung?

Truinas, 29. Juli 1998

Nachbemerkung zur deutschen Ausgabe

Das Konzentrationslager Ravensbrück, etwa 80 km nördlich von Berlin, in der Nähe von Fürstenberg an der Havel gelegen, war das zentrale Frauenlager und ist als »Hölle der Frauen« in die Geschichte der nationalsozialistischen Konzentrationslager eingegangen.

Insgesamt wurden zwischen Mai 1939 und Ende April 1945 ca. 132 000 Frauen aus über 40 Nationen nach Ravensbrück deportiert, u. a. Zeuginnen Jehovas, Sinti und Roma, Jüdinnen, vorwiegend aus osteuropäischen Ländern, Widerstandskämpferinnen. Die deportierten Französinnen, die mit am schlechtesten behandelt wurden, da sie als besonders wenig anpassungsfähig an die Lagerordnung galten, machten ca. 6 Prozent der Lagerinsassinnen aus. 958 von ihnen, u. a. auch Geneviève de Gaulle, erreichten mit dem sog. 27 000-Transport – sie erhielten Häftlingsnummern ab 27 000 – in der Nacht vom 2. auf den 3. Februar 1944 Ravensbrück.

Neben zum Teil sinnlosen Außenarbeiten wurden die Frauen in SS-eigenen Betrieben auf dem sog. Industriehof u. a. in der Fertigung von Häftlingskleidung und der Änderung von Bekleidung für die Waffen-SS eingesetzt, ab Ende 1942 verstärkt auch in der Rüstungsindustrie. Die Firma Siemens beschäftigte in 20 Fabrikationshallen auf dem Lagerkomplex zeitweise bis zu 3000 Frauen.

Lagerkommandant war von August 1942 bis Ende April 1945 der aus Varel bei Oldenburg stammende SS-Hauptsturmführer Fritz Suhren, der nach dem Krieg in einem Prozeß vor dem französischen Militärtribunal in Rastatt zum Tode verurteilt und 1950 hingerichtet wurde. »Verstöße« gegen die Lagerordnung wurden im sog. Bunker, dem Lagergefängnis, mit Arrest- und Prügelstrafen geahndet, die die Frauen oft nicht überlebten. Ravensbrück diente auch als Exekutionsort für Todesurteile, die von »Sondergerichten« verhängt worden waren. Außerdem war Ravensbrück Ausbildungsstätte für KZ-Aufseherinnen.

Unter Leitung von Prof. Dr. Karl Gebhardt wurden hauptsächlich an Polinnen, den »(Versuchs-)Kaninchen«, pseudomedizinische Experimente vorgenommen, an Mädchen der Sinti und Roma Sterilisationsexperimente. Ab Februar 1942 wurden Frauen zu sog. Schwarzen Transporten zusammengestellt und in den Gaskammern der »Heil- und Pflegeanstalt« Bernburg/Saale und Hartheim bei Linz und in Auschwitz und Majdanek ermordet. 1943 wurde ein lagereigenes Krematorium mit zwei Verbrennungsöfen errichtet. Seit 1944 gab es verstärkt Selektionen von kranken, alten und arbeitsunfähigen Frauen, ab Ende Januar 1945 fanden Massentötungen in einer der beiden Gaskammern statt. Die Gesamtzahl der in Ravensbrück getöteten und umgekommenen Frauen wird auf 20 000 bis 30 000 geschätzt. Da sämtliche Lagerunterlagen von der SS vor der Befreiung durch die alliierten Truppen vernichtet wurden, sind nur ungefähre Angaben möglich.

In Verhandlungen mit Heinrich Himmler, dem Reichsführer der SS, erreichte der Vertreter des Schwedischen Roten Kreuzes, Graf Folke Bernadotte, im März und April 1945 die Freilassung zahlreicher Frauen. Am 27. und 28. April ließ Kommandant Suhren über 20 000 Frauen zu Fuß in Richtung Nordwesten treiben. Am 1. Mai 1945 waren bei der Befreiung durch die Rote Armee noch ca. 2000 kranke Frauen, Kinder und Männer im Lager.

Ravensbrück ist heute eine Gedenkstätte, die sich die Erforschung der Geschichte des Konzentrationslagers Ravensbrück in Dokumentationen und Darstellungen von Forschungsergebnissen zum Ziel gesetzt hat. Anschrift: Stiftung Brandenburgische Gedenkstätten, Mahn- und Gedenkstätte Ravensbrück, Straße der Nationen, 16798 Fürstenberg. Tel. 033 093/39 241 und 38 370, Fax 033 093/38 397

Zur Lektüre empfohlen:
Strebel, Bernhard: *Ravensbrück – das zentrale Frauenkonzentrationslager.* In: *Die nationalsozialistischen Konzentrationslager: Entwicklung und Struktur.* Hg. von Ulrich Herbert, Karin Orth und Christoph Dieckmann. Göttingen: Wallstein Verlag 1998, S. 215–258
Tillion, Germaine: *Frauenkonzentrationslager Ravensbrück.* Aus dem Franz. von Barbara Glaßmann. Lüneburg: zu Klampen Verlag 1998
Beide Untersuchungen enthalten zahlreiche Hinweise auf die inzwischen umfangreiche weitergehende Literatur.

Geneviève de Gaulle Anthonioz als junge Frau und heute
Copyright: © D. R. und © Alain Pinoges/CIRIC

Vita

Geneviève de Gaulle Anthonioz, geboren 1920 in Saint-Jean-de-Valericle (Gard), wächst als Älteste von drei Geschwistern in Einsdorf bei Saarlouis auf, wo der Vater als Ingenieur arbeitete. Die Mutter stirbt, als Geneviève de Gaulle vier Jahre alt ist. Mit dreizehn Lektüre von Hitlers *Mein Kampf* zusammen mit dem Vater, der ihr die Gefahren des Nationalsozialismus nahebringt. 1934/35 Besuch der Klosterschule in Montigny bei Metz. In den Ferien trifft sich die Familie bei ihrem Onkel Charles de Gaulle, der in Metz eine Garnison leitet. 1935 Baccalauréat, anschließend Beginn des Studiums der Geschichte an der Universität in Rennes. 1938 stirbt die Schwester Jacqueline an Typhus. Die Kapitulation Frankreichs unter Pétain im Juni 1940 erlebt Genviève de Gaulle in der Bretagne, wo der Vater als Reserveoffizier stationiert ist. General de Gaulle ruft von England aus zum Widerstand auf. Kurz darauf Verhaftung des Vaters durch die Deutschen und Internierung. Die Großmutter stirbt. In der Todesanzeige wird der Name »de Gaulle« von der Zensur der Deutschen eliminiert. Im Herbst 1940 Fortsetzung des Studiums, zunächst in Rennes, ab 1941 an der Sorbonne in Paris.

Seit 1941 aktive Mitarbeit in verschiedenen Gruppen der *Résistance* (Übernahme von Kurierdiensten über die Demarkationslinie in den freien Teil Frankreichs, Artikel in der von Studierenden der Sorbonne herausgegebenen Zeitung *Défense de la France*, verteilt Exemplare an öffentlichen Plätzen in Paris u. a.). Am 20. Juli 1943 Verhaftung durch die Gestapo in der Buchhandlung *Au vœu de Louis XIII*, Verhöre im Gestapo-Hauptquartier, Transport in das Gefängnis von Frèsnes, kommt im Januar 1944 mit ca. 100 anderen Gefangenen in ein Lager bei Compiègne, anschließend Deportation zusammen mit 958 Frauen (sog. 27 000-Transport) in das Konzentrationslager Ravensbrück, wo sie in der Nacht vom 2. auf den 3. Februar 1944 eintrifft. Sie erhält die Nummer 27 372. Ab 28. Oktober im sog. Bunker in Isolationshaft. Am 28. Februar 1945 überraschende Freilassung zusammen mit einer Amerikanerin. Sie gelangt in Begleitung von zwei SS-Leuten auf Irrwegen, teilweise zu Fuß, mit Bahn und Auto, über Berlin nach Süddeutschland. Am 20. April 1945 Grenzübertritt bei Basel, wo sie von ihrem Vater erwartet wird.

Kurz danach schließt sie sich in Paris der Gruppe *L'Amicale des prisonniers de la Résistance* an, die sich um die psychische und medizinische Versorgung der zurückgekehrten Deportierten kümmert. Gründet wenig später mit anderen die *L'Association nationale des anciennes deportées et internées de la Résistance* (ADIR), deren Hauptziel es ist, durch Vorträge, Veranstaltungen etc. über die Leiden der Deportation zu informieren. Seit 1956 Präsidentin der ADIR.

1946 Heirat mit Bernard Anthonioz, vier Kinder. 1958 im Kabinett von André Malraux, zusammen mit ihrem Mann. Sie scheidet nach einem Jahr aus, um sich fortan bis heute für die von Pater Joseph Wresinski gegründete ATD Quart Monde zu engagieren, eine Organisation, die sich für Obdachlose in Frankreich und der ganzen Welt einsetzt und deren Präsidentin für die französische Sektion sie seit 1964 ist. Wesentliche Anstöße für die ATD Quart Monde auf staatspolitischer und kirchlicher Ebene. Seit 1972 im Vorstand des *Comité d'aide sociale de la Résistance* (COSOR). 1988 Wahl in den *Conseil économique et social* (CES).

Geneviève de Gaulle Anthonioz erhielt mehrere Auszeichnungen, u. a. als erste Frau das *Grand-Croix de la Légion d'Honneur*. Der Bericht *Durch die Nacht (La traversée de la nuit)* erschien 1998 bei Éditions du Seuil, Paris, und wurde sofort ein Bestseller.

Weitere Veröffentlichungen: *La condition des enfants du camp de Ravensbrück*. In: *Revue d'histoire de la Deuxième Guerre mondiale*. Paris: PUF 1962. – *L'Engagement. Droit au logement, ou droit à la vie?* In Zusammenarbeit mit Louis Besson und Albert Jacquard. Mit einem Vorwort von Hélène Amblard. Paris: Éditions du Seuil 1998

1997 erschien bei Plon, Paris, die Biographie *Geneviève de Gaulle Anthonioz* von Caroline Glorion.

Stéphane Hessel
Tanz mit dem Jahrhundert
Erinnerungen
Aus dem Französischen von
Roseli und Saskia Bontjes van Beek
388 Seiten. Gebunden
Mit 16seitigem Brevier zu Begriffen
und Personen aus Widerstand,
Politik und Diplomatie in Frankreich.

»Das Fazit dieser Memoiren liegt in den
Äquilibristik zwischen den bestandenen
Abenteuern und den gewonnenen Überzeugungen. Die eindrucksvolle Symmetrie, die Stéphane Hessel zwischen
den beiden Hälften seines Lebens erzeugt
hat, verbannt den Schmerz und die
Angst, die diese Leistung gekostet hat,
ins Reich des Ungesagten.« Wilfried
F. Schoeller, *Frankfurter Rundschau*